AUX

ÉLECTEURS

de 1830.

ORLÉANS. — IMPRIMERIE D'ALEX. JACOB.

AUX

ÉLECTEURS

de 1830,

Il est permis sans doute à un électeur, fidèle au Roi et ami de son pays, d'exprimer les sentimens qui l'animent dans les circonstances graves où nous nous trouvons. Les raisons qui nous déterminent à refuser notre vote aux candidats de l'Opposition, nous ont semblé si décisives que nous croyons devoir les proposer à ceux qui, comme nous, participent indirectement à la puissance législative par la nomination des députés. Nous connaissons la malheureuse facilité d'un grand nombre d'électeurs qui, trop empressés de terminer une opération nuisible à leurs affaires, saisissent le premier bulletin que leur présente une main trop officieuse. Que de fois un royaliste, éconduit par un conseiller infidèle, n'a-t-il pas donné sa voix à une cause qui n'était pas la sienne!

Nous osons nous flatter que ces réflexions préviendront quelques-unes de ces erreurs, et préserveront la bonne foi des insinuations de l'intrigue. Cet espoir, nous le fondons uniquement sur la force même de la raison qui semble vouloir enfin relever son empire en France. Réunir dans une même pensée tous les royalistes, retirer du parti libéral les honnêtes gens qui sont dignes d'une meilleure cause, tel est l'unique but de cet écrit. Nous réclamons l'indulgence du lecteur, car nous n'avons pas eu le temps de choisir nos expressions. Nous ne cherchons pas à nous distinguer par l'élégance du style, mais par la vérité des preuves. S'il s'agissait d'un simple exercice, nous aimerions à faire briller l'éclat d'une armure polie: le jour d'un combat on estime surtout les armes fortes et bien trempées.

Posons d'abord la question avec franchise et avec clarté:

Un électeur éclairé peut-il donner sa voix en faveur d'un député qui a voté l'adresse du 18 mars 1830?

Nous vivons dans une monarchie représentative. Le Roi est l'unique souverain : à lui seul appartient l'exécution des lois; mais il exerce la puissance législative collectivement avec les Chambres. Si cette concession est un droit précieux, elle est surtout un devoir inviolable. Elle suppose, il est vrai, la faculté de s'opposer au gouvernement; mais elle renferme l'obligation de concourir, toutes les fois que la sureté de l'État n'est pas en péril. Si les ministres trahissent la légitimité, s'ils attaquent évidemment l'existence de la constitution, les Chambres alors signalent le danger par le refus de leur concours. Le prince ne saurait s'offenser d'une résistance qui prouve le courage et la fidélité.

De leur côté, les Chambres peuvent abuser de leur opposition pour remplir des desseins ambitieux, tenter d'usurper les prérogatives de la couronne et la souveraineté. Dans ce cas elles n'accomplissent pas un devoir, elles n'exercent pas un droit, elles commettent un abus de pouvoir; c'est un forfait politique que la Charte a prévu et que le monarque punit par la dissolution (1). Voilà les principes : examinons les faits.

Lorsque la session fut ouverte par le Roi, le le ministère du 8 août comptait déjà sept mois d'existence. Pendant cet espace de temps il a été constamment assailli par les détracteurs les plus passionnés; leur rage impuissante n'a pu articuler un grief véritable, et de tant de volumes publiés pour le perdre, on ne saurait exprimer que des injures. Ce ministère, si cruellement diffamé, a-t-il trahi les lois? a-t-il privé illégalement le

---

(1) Quant à ce qui regarde la Chambre des Députés.

moindre citoyen de sa liberté? a-t-il même effleuré
cette liberté de la presse qui le poursuivait à ou-
trance? Il n'a pas donné un seul signe d'impatience,
lorsque toutes les passions coalisées s'efforçaient
de le mettre en colère. De quel crime l'accuserez-
vous donc? Est-ce d'avoir opposé le calme de la
fermeté à des clameurs insultantes? Mais si ce
n'est pas là le caractère de la force et de l'habileté,
à quels traits reconnaîtrons-nous un bon pilote?
Est-ce d'avoir prouvé qu'il est possible de gou-
verner sans l'aide des partis, et que le vaisseau de
l'État sait voguer malgré le souffle des journaux?
Mais cette nouvelle manière de vaincre les rebelles
par le mépris, est une des leçons les plus utiles
que nous ayons reçues depuis que nous jouissons
du gouvernement représentatif. L'accuserez-vous
enfin d'avoir fait mentir tant de sinistres prédic-
tions, qui appelaient sur nous les mesures les plus
rigoureuses? Cependant il est certainement digne
du Conseil d'un grand Roi de cacher ses desseins
aux ennemis de l'ordre public, et de tromper par
sa modération les prévisions de la fureur.

Ici nous nous voyons en quelque sorte contraints
de relever une accusation mille fois victorieuse-
ment réfutée. Elle va frapper si près du trône,
qu'un royaliste ne peut la reproduire sans un mouvement d'indignation. « Quelle confiance, disent
les libéraux, peuvent nous inspirer des hommes

qui se sont montrés dans la Vendée, sur un sol étranger, dans des rangs ennemis, dont tous les efforts ont eu pour but de rétablir le pouvoir absolu, etc.? » Couvrez-vous d'un voile, téméraires accusateurs. Quoi! vous aussi vous osez rappeler les souvenirs des jours de discorde? Nous pensions que vous aviez un intérêt puissant à respecter le silence que la Charte a imposé à la justice elle-même (1). Cruels! et quelle consolation réserverez-vous aux princes infortunés, si vous transformez en crime le sublime dévouement qui partage volontairement leur disgrâce? Mais, puisque vous avez tant de répugnance pour ces nobles vertus, pourquoi donc avez-vous admis dans vos rangs des hommes qui se rallièrent aussi sous l'étendard royal sur la terre de l'exil? Ah! nous savons enfin à quelles conditions vous vendez votre faveur : vous accueillez les parjures; vous repoussez les fidèles.

Il est incontestable, de l'aveu même des plus grands ennemis du ministère, qu'on ne peut lui reprocher aucun acte inconstitutionnel. La majorité de la Chambre des Députés devait donc lui permettre d'entrer dans la carrière, et de développer ses moyens de gouvernement. Au lieu de suivre

(1) Art. 11. Toutes recherches des opinions et votes émis jusqu'à la restauration sont interdits. Le même oubli est commandé aux tribunaux et aux citoyens.

une marche commandée par la justice et con-
seillée par la politique, elle s'est lancée dans la
route de la violence et de la témérité; elle n'a pas
craint de violer la constitution, d'attaquer les
droits sacrés du monarque et de trahir les sentimens de ses fidèles sujets. Et quel a donc été la
cause sérieuse de cette inconcevable conduite? Les
députés de l'adresse ont vu une certaine incom-
patibilité d'humeur entre la France et le ministère, des inquiétudes vagues, une sécurité trou-
blée, de sourdes douleurs, en un mot tous les
monstres qui se présentent pendant un sommeil
pénible, et cette vision les a empêchés de voir
qu'ils votaient une adresse séditieuse et commet-
taient une faute irréparable. Pour dire les choses
avec une entière liberté, ils ont craint de ne pas
trouver, dans les actes du ministère, de justes
sujets de reproche, d'être contraints par honneur
de suivre sa direction, ou de voir l'opinion publique réprouver hautement une opposition tout-
à-fait déraisonnable. C'est ce pressentiment qui les
a poussés à la violence; et, comme des juges ini-
ques et prévenus, ils se sont hâtés de condamner
sans entendre. O honte! ils ont relevé le gant
traîné dans la fange révolutionnaire et l'ont jeté
à la royauté!

Qu'on ne nous accuse pas d'exagération. Nos
paroles sont dures, il faut l'avouer, mais elles n'ex-

priment que la vérité. Pour en convaincre le lecteur, il suffira de résumer en quelques articles toutes les choses criminelles qu'on peut relever dans l'adresse.

1°, Attaque directe contre la prérogative royale, et atteinte formelle à la Charte, qui réserve la puissance exécutive au Roi;

2°, Asservissement de l'autorité royale. Si quelqu'un doit être libre en France, c'est sans doute le prince auteur et protecteur de toutes les libertés : or, n'est-ce pas, en quelque sorte, le condamner aux fers, que de lui défendre de régner?

3°, Injustice envers la nation, dont l'adresse dénature les sentimens, suspend la prospérité, menace même l'existence;

4°, Injure solennelle faite à la majesté du trône;

5°, Enfin, ingratitude inexcusable. Il est bon d'en faire ressortir ici tous les traits odieux. Quel est donc ce prince auquel l'un des premiers corps de l'État n'a pas craint de présenter une adresse empreinte de soupçons et de défiance? Le prince le plus loyal et le plus généreux : un prince dont le caractère est la franchise et la bonté; à qui l'Europe entière ne demanderait qu'une parole pour garantie de ses promesses. Dès le premier jour de son règne, il se jeta sans gardes au milieu de son peuple, heureux de n'être défendu que par l'amour. Il venait, à l'ouverture de la session, de se glorifier

hautement de la confiance qu'il inspire : et du sein
même d'une assemblée qui a reçu ce touchant té-
moignage, s'élance une députation de murmura-
teurs, qui pénètre jusqu'à son trône et lui déclare
qu'il est dans l'illusion! arrachant du fond de son
cœur la seule pensée peut-être qui console un bon
prince des amertumes de la royauté. Enfin, ce roi
bien-aimé a rompu tous les liens de la pensée : et
ce n'est pas assez que la presse ingrate ait vomi
mille blasphèmes contre son illustre libérateur, il
faut encore que le président de la Chambre des
Députés lui signifie, dans son palais, le manifeste
de la licence! Certes, c'est bien la démarche la plus
audacieuse que puissent faire des hommes qui n'ont
d'autres auxiliaires que leurs sophismes, et l'on
prévoit jusqu'où seraient allées leurs demandes, si
elles eussent été appuyées par quelques bayon-
nettes. Mais, si les Bourbons, gardant le sceptre
de fer laissé par l'usurpateur aux Tuileries, eussent
entouré leur trône de crainte et de soldats, où
seraient-ils ces hommes que la fermeté du Roi a
frappés comme d'un coup de foudre, et qu'un seul
regard de majesté a suffi pour humilier et flétrir?
Souvenons-nous que parmi ces députés délicats, qui
se trouvent à la gêne sous le gouvernement paternel
de Charles X, il en est qui ont traîné leur humble
obéissance sous les pas d'un despote inflexible,
et nous apprécierons leur tendresse pour la liberté!

Les députés de l'adresse ont donc refusé injus-
tement leur concours au gouvernement ; ils ont
tenté d'usurper la prérogative royale ; ils se sont
rendus indignes et déclarés incapables : un électeur
ne peut voter en leur faveur sans se faire leur com-
plice : ce serait river les fers qu'ils ont voulu at-
tacher aux mains du monarque.

Ici, peut-être, quelques personnes indulgentes
nous objecteront que plusieurs des députés qui
ont voté l'adresse, protestent de la pureté de leurs
motifs, et rappellent les garanties nombreuses et
éclatantes qu'ils ont données à la légitimité. Et
nous aussi, nous aimons à reconnaître leurs titres
anciens à la confiance des royalistes : mais des ser-
vices passés excusent-ils une infidélité présente ?
Si ce n'est pas l'ambition qui les aveugle, ni le
ressentiment qui les égare, il faut avouer qu'ils ne
suivent pas, dans leurs jugemens, les règles les
plus communes de la raison. Cette vérité est si
évidente, qu'un enfant même en ferait la preuve.
Voyez, en effet, quelles acceptions ils attribuent
aux expressions dont le sens est le mieux défini.
Vous croyez que *concourir* signifie s'unir au Roi
pour faire le bonheur de la France ? point du tout :
cela veut dire, imposer sa volonté au prince. Vous
pensez que la Charte réserve au monarque le droit
de choisir ses ministres parmi ses fidèles, les
hommes de sa confiance ? c'est une erreur : le Roi

doit accepter pour ses confidens intimes des hommes
qui n'ont que de la répugnance pour lui, des hommes
même qui l'ont trahi. Par une interprétation aussi
heureuse, exercer collectivement la puissance législative, c'est faire la loi tout seul. Tel est le sens
exquis de l'adresse. Évidemment, des députés qui
entendent si mal leur langue maternelle, n'ont pas
un esprit bien juste, ni, peut-être, un cœur bien
français : et vous voudriez en faire des législateurs (1)!

Désirez-vous encore une preuve de l'indignité
des candidats du libéralisme et de la défection?
Qu'est-ce qu'un député loyal et fidèle? c'est un
homme ami de la dynastie et des lois, un homme
d'un cœur ferme, d'une ame élevée, dont les principes sont monarchiques, dont toute l'ambition est
de seconder les desseins d'un gouvernement paternel : c'est un homme, enfin, qui sait vaincre
l'injustice, et sacrifier le ressentiment le plus lé-
gitime, lorsque l'honneur et l'intérêt de l'État le
commandent. Tel est le portrait d'un loyal député :
rapprochez-le des députés de l'adresse, il n'y a pas

(1) Il est possible que quelques-uns des députés qui ont voté
l'adresse, aient cru faire une chose licite, et peut-être même
remplir un devoir. Ceux-ci sont plus à plaindre qu'à blâmer.
Mais les royalistes ne sauraient confier de nouveau leurs
intérêts à des hommes capables de donner dans des erreurs si
funestes. C'est leur rendre un véritable service que de leur permettre de pratiquer leurs vertus modestes au sein de leurs fa-
milles.

de ressemblance : donc...., il n'est pas nécessaire d'avoir fait un cours de logique pour tirer la conséquence.

La question est donc résolue ; les faits sont prouvés. Les députés de l'adresse n'entendent rien aux principes de notre droit public ; ils ont manqué essentiellement à leur devoir : ce n'est pas le ministère qu'ils ont attaqué, c'est la royauté. Aussi ce n'est pas pour consulter la France, mais pour l'instruire, que Charles X a rendu l'ordonnance de dissolution. Cette ordonnance est un arrêt qui traduit les députés coupables devant les colléges électoraux. Non, ce ne sera pas en vain que le Roi aura demandé au peuple, dont il est chéri, la réparation de l'injure faite à sa majesté. La France, vive, légère, impatiente, est facile à égarer : elle aime à guerroyer les ministres, mais son ressentiment expire sur les marches du trône. Lorsqu'elle voit les traits de la haine se diriger contre son prince, pleine du sentiment de son amour, elle s'indigne de l'audace des méchans qui la soupçonnent de parricide. Fatiguée de combattre sans gloire des ombres et des fantômes, elle demande des ennemis plus dignes de sa vengeance : ils viennent de se livrer à son ressentiment ; ce sont les ennemis de la prospérité publique et de la sagesse de nos institutions ; les ennemis de la grandeur du trône et de la félicité du peuple. Il n'est pas possible qu'une nation

douce, spirituelle et sensible se laisse plus long-
temps abuser par des hommes ambitieux, systé-
matiques et chagrins, et qu'elle repousse toujours
le sentiment de son bonheur. Semblable à un ma-
lade imaginaire dégoûté de son régime, elle con-
gédiera les médecins qui spéculent sur ses souf-
frances, et se confiera à sa vigueur naturelle.

La France aspire à fournir librement la noble
carrière ouverte par ses rois : c'est en s'unissant à
son prince qu'elle rompra tous les obstacles qui
s'opposent au développement de sa force et de sa
prospérité. C'est en répudiant les doctrines du libéralisme qu'elle sortira de cet état d'inquiétude et
d'irritation, si peu conforme à la douceur de ses
mœurs, et à l'aménité de son caractère. Elle n'en-
tend rien à ces théories insensées, qui font du monarque une idole inanimée. Elle ne peut souffrir
que l'on remette sans cesse en question les principes de son droit public, dont Louis XVIII a placé
les bases dans son ouvrage immortel. Elle veut que
son roi soit grand, parce que cette grandeur rejaillit
sur elle ; qu'il soit puissant, parce que cette force
est la sureté de l'État ; qu'il soit heureux et libre,
parce qu'elle l'aime.

Rallions-nous donc, électeurs amis de la monarchie, et ne résistons pas au mouvement généreux
qui ramène les esprits vers le bien. Partageons, avec
notre bien-aimé souverain, la gloire de sauver

l'État et de prévenir le retour de l'anarchie. Nos pères nous crient, du fond de leur tombeau, de profiter de leurs malheurs, et nos enfans nous conjurent d'assurer leur avenir. N'écoutons aucune considération d'amour-propre, d'estime personnelle, d'affection particulière. Il est, au fond de tout cœur français, un sentiment qui domine les autres, l'amour de la patrie. Si nous en suivons l'impulsion, notre députation sera comme une nouvelle adresse, qui réformera tout ce que la première a d'odieux et de coupable : nous présenterons au Roi des hommes dignes de comprendre sa bonté et de seconder sa sagesse. Charles X a déclaré la guerre à toutes les puissances barbaresques : il a droit de compter sur plus d'une victoire. Tandis que la valeur de nos soldats assurera au dehors la liberté de notre commerce, et purgera les mers des incursions des forbans, les électeurs, armés de la raison et de l'expérience, feront une guerre implacable aux ennemis de l'intérieur, et forceront à rentrer dans leurs retraites les jaloux de la France et les contempteurs de son roi. Alors, sur les ruines d'Alger et de la révolution, la victoire et la paix répéteront à l'envie : *vive le Roi!* car le Roi sera libre et la France vengée.